D1152708

**Encore un peu**
de Serge Mercier
est le huitième volume
de la collection
entre le parvis et le boxon
des Éditions de l'Aurore.

Il y a eu lecture publique de *Encore un peu* en janvier 1971, par le Centre d'essai des auteurs dramatiques, au Centre du théâtre d'Aujourd'hui. La première partie de cette pièce a été créée par Murielle Dutil et Jean-Pierre Piché dans le spectacle-anthologie de Jean-Claude Germain, *Les jeunes s'tout des fous*, en février 1972 par les Ptits Enfants Laliberté.

# ENCORE UN PEU

du même auteur

ELLE, *théâtre*
*Éditions Leméac, 1974.*

# ENCORE UN PEU

Serge MERCIER

Préface de Noël AUDET

L'AURORE

Les Éditions de l'Aurore
221 ouest, rue Saint-Paul
Montréal

Directeurs: Victor-Lévy Beaulieu, Léandre Bergeron; administration: Guy Saint-Jean; production: Gilles LaMontagne; conception graphique: Roger Des Roches; maquette de la couverture: Mario Leclerc; composition typographique: Lise Archambault; montage: Jean Thibault; photos: André Charbonneau.

DISTRIBUTION:
La Maison de Diffusion-Québec
221 ouest, rue Saint-Paul
Montréal

Tél.: 845-2535

ISBN 0-88532-005-0

© Serge Mercier, 1974

Dépôt légal — 4e trimestre 1974
Bibliothèque nationale du Québec

"Les saisons brassaient la maison pi not' vie."

*"Avant l'hiver. Faut toute faire avant l'hiver."*

"*Je l'vois ben qu'la maison est pu d'niveau.*"

"Y a ben des belles maisons... Nous autres..."

La vieillesse serait-elle une maladie québécoise? A lire la pièce de Serge Mercier intitulée *Encore un peu*, la question se pose et c'est peut-être là ce qui explique qu'un jeune dramaturge soit fasciné par la décrépitude, la mort par manque, abstention, appauvrissement graduel de l'être et de sa capacité non seulement de jouir mais aussi d'affronter les événements qui constituent la vie.

On ne se trouve pas ici en face de la révolte hurlante d'un Tremblay, on est plutôt aux prises avec une érosion douce mais inéluctable de l'existence. «C'est comme une roue (...) y a une raie qui casse. Vlan! Pi le reste continue.» Le reste se défait lentement, se désagrège sans que l'on sache tracer de limite certaine entre la vie et la mort: il n'y a «jamais de fin exacte.» La mort était déjà à l'oeuvre avant la fin, ce qui brouille le passage. Il n'y a pas de rupture, on glisse dans la mort sans franchir de frontière nette.

Serge Mercier, dans *Encore un peu,* réussit parfaitement à intérioriser ce sentiment d'extinction lente et ses personnages, Lui et Elle, le vivent dans tous leurs gestes, dans leur façon de parler, de se mouvoir, de s'abstenir. On pourrait définir cette vieillesse surtout comme une défaite intérieure, un sentiment d'impuissance à vivre quelque réalité que ce soit.

*Encore / un peu:* encore indique l'air d'aller, la force inerte de l'habitude que vient réduire davantage l'adverbe «un peu». On y sent l'écho affaibli de ce qui pourrait s'appeler vivre, c'est le ralenti sur tous les plans. Encore un peu de temps, d'amour, de santé, de mots pour parler, d'oreille pour comprendre, mal, au téléphone; plus assez de résistance pour permettre la promenade en forêt, la chasse; plus assez de vie pour changer le sort. Le texte abonde en tournures négatives ou restrictives: c't'assez, pas gros, non, pas beaucoup, un p'tit peu, ben assez, pas pluss, surtout pas, on sait jamais, j'ai oublié, encore quèque chose, pas grand-chose, juste un peu. Pour dire qu'un jambon est cuit à point, il dit: «Pas trop-là, juste assez»; pour préciser qu'il faisait frais, il emploie encore la formule négative: «C'était pas trop chaud». Et c'est encore dans la négation que le couple trouve son accord le plus profond, son unité par rapport à l'hostilité de ce qui les entoure: «Moi non plus» répliquent indifféremment l'un ou l'autre. Ils se situent comme en deçà de la vie, toujours à une longueur des choses, d'où la fréquence de la négation qui caractérise leur relation essentielle au monde.

Cette vieillesse est sans doute particulièrement québécoise en ce sens qu'elle paraît bientôt le symbole plus général de toute impuissance et dépossession collectives: ces êtres, Lui et Elle, c'est-à-dire n'importe quel Québécois, n'ont pas de prise sur le réel, ils sont emportés dans un état de demi-rêve vers une fatalité, vers le sommeil et la disparition, condamnés à ne pas pouvoir réagir, écrasés par ce même sentiment d'impuissance face au déroulement de l'histoire en dehors d'eux. Ils n'ont même plus la force de se révolter. Univers gris tout employé à se faire oublier dans l'existence.

La construction d'*Encore un peu* montre à quel point Serge Mercier a approfondi ce thème. La pièce se structure en trois repas, et non pas en trois actes, car il n'y a pas action théâtrale vers un dénouement; trois repas, c'est-à-dire les mêmes gestes quotidiens qui constituent les seuls repères pour marquer le passage du temps. L'ensemble du texte s'organise donc en une structure circulaire où le souper ramène les mêmes paroles distraites et la même situation tragique. Rien n'a changé depuis le déjeuner si ce n'est qu'ils se sont enfoncés encore un peu plus dans l'irrémédiable. C'est pourquoi ils se raccrochent si désespérément aux petits détails de la vie quotidienne. Ils sont en sursis pour un temps indéterminé, parce qu'il reste «encore quèque chose». Demain, il y aura peut-être trois autres repas, et ainsi de suite.

On retrouve cette même circularité au niveau du dialogue. Plutôt que le dialogue, on devrait d'ailleurs parler de monologue à deux voix, puisque la plupart du temps la réflexion de l'un des personnages est complétée par l'autre et réciproquement; les caractères, comme usés, n'offrent plus de contradictions majeures. Ils durent ensemble, et quand l'un contredit l'autre, c'est pour mieux rattraper la même idée qui menace de s'échapper dans l'absence de mémoire. L'amnésie joue en effet un grand rôle dans le développement du dialogue: morceau de passé mêlé à une situation immédiate, tout se construit sur cette alternance entre la mémoire défaillante et la perception affaiblie du présent. L'idée apparaît, va se développer puis tout à coup disparaît pour revenir un peu plus loin, avancer encore, redisparaître... Magnifique façon de traduire dans la forme l'essoufflement physique et psychique des personnages, essoufflement accentué encore par les nombreux silences. Cet univers discontinu se défait sous nos yeux, il se désagrège par son mouvement circulaire et sous l'effet des coupures continuelles dans le développement du texte.

Sur le plan psychologique, au sentiment d'impuissance s'oppose le désir du passé, le rêve, qui seul permet d'échapper à la roue du temps. C'est pourquoi il y aura dans la pièce quelques ruptures du côté de la fête, fête de la chasse, de l'amour, de la jeunesse, fête de Noël quand le couple avait la force de recevoir, enfin, les noces d'or qualifiées d'accomplissement comme une derrière fête avant de mourir. Toutefois, même ces fêtes sont marquées du signe de l'éphémère et donc encore de la discontinuité qui fait peser sur les petites gens un destin gris et fondamentalement tragique. Une autre rupture importante du texte consiste précisément en une hallucination de la mort.

Serge Mercier a su faire vivre, dans une langue québécoise simple et sans parti pris, des personnages dont le drame humain et «politique» nous concerne au plus haut point. La question qu'il nous pose se formulerait ainsi: peut-on accepter de vivre, à demi seulement, en attendant la fin des mots, la fin de la passion et l'épuisement de toute ressource et de tout recours.

Noël AUDET

**Personnages:**

Elle
Lui
Facteur
et les figurants nécessaires.

Le mouvement de cette pièce est semblable à *Frère Jacques* chanté par quelqu'un qui s'endort ou plus précisément au 3ième mouvement de la première symphonie de Mahler.

Milieu ordinaire, vieux à la retraite dans une toute petite ville. La femme a gardé certaines activités: cercles de paroisse, bonnes oeuvres. Le mari bricole autour de la maison. Il n'a plus une bonne vue et a mal à une jambe. Elle a parfois des douleurs au foie.

**Décor (suggestion):**

Matin de fin d'automne, une cuisine; à gauche une fenêtre, à droite la porte de la chambre à coucher. A droite également, un poêle. Ce qui constitue la maison (peu importe les meubles) sera fait de lattes de bois qui disparaîtront pour le souper soit d'un coup ou lentement tout au long de cette troisième partie, dévoilant une lumière blanche qui entoure les personnages. Ils seront alors deux vieux perdus dans un paysage blanc comme dans une toile de Lemieux où passe un train au loin, paysage où on pourrait voir quelques vieux qui se bercent.

Dans la cuisine, il y a aussi un grand buffet, une armoire avec évier. Le couvert est mis sur la table.

*La femme apparaît lentement venant de la chambre à coucher. Elle met sur la table: lait, beurre; prépare le café, met le pain dans le grille-pain. Pas un mot. Lui qui est arrivé peu après Elle, marche au fond, regarde par la fenêtre, ouvre la porte qui donne dehors, regarde et la ferme.*

*Ils prennent leurs pilules, s'installent pour déjeuner.*

**LE DÉJEUNER**

*Elle et Lui mangent en silence. G R A N D S I L E N C E. Très L E N T.*

ELLE
Que j'suis donc fatiquée.

LUI
Moi. ça va pas trop mal.

*Silence.*

ELLE
J'ai presque pas dormi d'la nuit.

LUI
Moi non plus.

ELLE
C't'effrayant d'pas dormir de même!

**LUI**
Oui.

*Il se lève, se fait d'autres toasts.*

**ELLE**
Mon dieu, ça va faire quatre toasts à matin! C't'assez papa.

**LUI**
Quoi? J'ai l'habutude de manger quatre toasts le matin.

**ELLE**
Moi, j'pourrais facilement m'passer de manger le matin.

**LUI**
Moi, le matin, c'est mon plus gros repas.

**ELLE**
Oui, c'est vrai, tu manges gros le matin.

**LUI**
Ah! oui. Le matin...et pi le midi aussi. *(Petit temps)*. Le soir, j'mange moins par exemple.

**ELLE**
Oui. *(Silence)*. J'ai encore rêvé ste nuit.

**LUI**
Oui?

**ELLE**
Oui. *(Temps)*. Toujours le même rêve. J'cours comme une folle dans des escaliers. Pas une porte, nulle part. J'cours, j'cours. *(Temps)* A mon âge.

**LUI**
C'est drôle les rêves. Paraît même que ça a un sens...

**ELLE**
Oui...A mon âge, le sens...

**LUI**
Oui, ben sûr... On est même pas tranquille la nuit.

**ELLE**
On commence pas ben la journée. *(Temps)* Tu prends pas d'confitures?

**LUI**
Non. J'en ai assez de ces confitures-là. Donne-moi donc plutôt les cretons (ou Kerton).

**ELLE** *cherchant*
Voyons...

**LUI**
Les as-tu sortis?

**ELLE**
J'pense que non.

**LUI**
Tu l'sais que j'aime ça des cretons!

**ELLE**
J'vas y aller te l'...

**LUI** *coupant*
Non. Laisse. J'vas y aller.

> *Elle grignote un peu de fromage, un peu de confiture sur un petit morceau de pain.*

J'les trouve pas.

**ELLE**
Attends une minute. *(Elle y va.)* Tiens. Tu sais donc pas chercher.

**LUI**
Y en reste pas beaucoup.

**ELLE**

Y en reste encore un peu. T'en as assez pour tout de suite.

*Silence. Elle et Lui mangent.*

Tu vas manger à matin!

**LUI**

Oui.

**ELLE**

J'mange pas beaucoup moi. Une toast le matin, c't'assez. *(Elle avale un petit rien).* Des fois, j'en mange deux. Mais c'est pas souvent. Non. La plupart du temps, j'en mange une. C'est ben assez.

**LUI**

Tu grignotes beaucoup dans journée par exemple.

**ELLE**

Ah! pas pluss que ça.

*Silence.*

**LUI**            *comme poursuivant une réfléxion*

Ça dépend du pain. Y a des pains plus lourds. Dans c'temps-là, j'en mange moins. Quand c'est du pain léger, j'en mange pluss.

**ELLE**            *reprochant*

Le pain, aujourd'hui! Et pi le beurre est tellement cher! Moi, y m'feront jamais croire que la margarine ou du spread, c'est pareil. C'est pas vrai. Ça un petit goût différent.

**LUI**

C'est pas vrai. C'est pareil.

**ELLE**

Ben non. C'est pas pareil.

*Silence.*

T'aimes ça des toasts, hein?

**LUI**

Ah! oui. Y a rien comme une bonne toast ben sec. Ou encore quand c'est l'entome. Une bonne entome sec. Y me reste pu grand dents, mais maudit que c'est bon.

**ELLE**

J'mange pas beaucoup moi. Surtout pas le soir.

**LUI**

Moi non plus, le soir je mange presque pas. Surtout pas de viande.

**ELLE**

Ah! non. Pas de viande le soir.

**LUI**

Un bon souper là, avec un bon thé. Y a rien comme ça.

**ELLE**

L'autre jour au restaurant, mon thé était froid. Y était mauvais, s't'effrayant.

**LUI**

Moi, j'comprends pas le monde qui mangent dans restaurants. C'est pas bon. Et pi y faut payer. Y a du monde partout...Non...On nous r'garde. Pi toute...Avec le dérangement. Non.

**ELLE**

Moi non plus, r'marque. Mais après l'cercle le mardi, y en a toujours une pour suggérer d'aller au restaurant. *(Temps)* Quoique c'est intéressant. Mais l'autre jour, le

thé était froid par exemple. Pi du thé froid, ça m'choque.
C'est pas buvable.

LUI

L'eau est pas bonne de c'temps-ci.

ELLE

Ben oui, j'ai r'marqué ça moi aussi. J'me demande de
quoi ça dépend.

LUI

Ça m'fait penser à Gérard.

ELLE

Y va falloir aller le voir.

LUI

Ben oui.

ELLE

Ça fait trois fois qu'y vient pi on est pas encore allés.

LUI

Y va falloir y aller.

ELLE

Y va être choqué.

*Silence.*

LUI

Quécé j'voulais dire?

ELLE

Tu parlais de Gérard.

LUI

Ah! oui. C'que j'voulais dire à propos de Gérard, c'est
qu'une fois y s'est empoisonné.

ELLE

On sait jamais c'qui nous attend.

24

LUI
Et non.

ELLE            *voulant en venir à quelque chose et cher-*
                *chant un moyen*
Non...On sait jamais...ça change tellement...ç'a tellement changé, pi ça va changer encore. L'autre côté
d'la rivière, y a des p'tits bungalows modernes. C'est
beau!...et puis...nous autres...avant on restait loin du
village, pi là aujourd'hui, y est tout autour de nous
autres, ça se rend presque jusque chez madame Desma-
rais.

LUI
Eh oui.

ELLE
Ah! aujourd'hui, on est au village. Un village! J'devrais
presque dire une petite ville! Y a ben des belles maisons. Nous autres... *(Silence)* Tu sais papa, faudrait ben
jeter la grange à terre.

LUI
Ah! non.

ELLE
Ben voyons. Tu l'as dit, on est pu loin du village, comme
avant. C'est presqu'une ville. Quécé ç'a l'air ste grand
bâtisse vide. Ça sert pu. Ça sert à rien.

LUI
Non. Et pi on est presqu'à sortie du village. Y a encore
ben de la terre tout autour. Tu traverses la rue, là-bas,
pi c'est l'champ.

ELLE
Papa! A quoi ça t'sert ste grange-là, veux-tu m'dire? A

quoi ça t'sert? A quoi ça t'sert de t'entêter? Y me
semble que ça aurait l'air mieux.

LUI            *moins convaincu*
On pourrait l'arranger, la r'peinturer...

ELLE
Ça sert pu. *Silence.* Tu demanderais à Robert pi à Jean,
pour t'aider. J'suis sûre que ça les dérangerait pas.
J'leur en ai parlé.

LUI
Maman, t'as encore commencé quèque chose sans moé.

ELLE
Ah! non. C'était juste pour voir. Y a rien de faite encore.

LUI            *attristé*
Eh! maudit qu'j'aime donc pas ça. Pi y a mes outils.
D'puis l'temps. Ousque j'vas les mettre?

ELLE
Tu pourrais les mettre dans l'poulailler...ou dans cave,
ça s'rait encore mieux. On pourrait jeter à terre ste
vieille cabane-là aussi. D'habutude, t'es ben plus raison-
nable. J'te comprends pas.

LUI
Oui. *(Temps).* Ah! faudrait ben l'faire.

ELLE            *sautant sur l'occasion*
C'est ça. Ça m'ferait plaisir. *(Petit temps).* Y a fait bon
temps hier.

LUI            *distrait*
Oui.

            *Se reprenant.*

Oui, ah! une ben belle journée.

26

ELLE

Aujourd'hui aussi y va faire beau.

LUI

Je l'sais pas.

ELLE

Hier soir, le couchant était beau.

LUI

Oui, mais à matin les feuilles qui restent sont en bas.

ELLE

Ah! on sait jamais.

LUI

Aujourd'hui, y vous changent ça presqu'à volonté.

ELLE        *distraite*

Aujourd'hui.

        *Silence.*

ELLE        *se levant — rôdant dans la cuisine, occu-*
        *pation du matin*

Encore une journée.

LUI

Ma jambe a l'air à vouloir me faire mal aujourd'hui.

ELLE

L'as-tu ben frottée hier soir?

LUI

Oui.

ELLE

As-tu pris tes pilules à matin?

LUI

Oui. Mais j'ai oublié d'prendre la jaune.

**ELLE**

Ben voyons, Albert. Dépêche-toi, c'est pas pour rien celle-là.

**LUI** *prenant la pilule*

Tiens. Espérons qu'ça va m'aider.

*Silence.*

**ELLE**

J'me d'mande si j'ai planté mes tulipes à temps pour l'an prochain?

**LUI**

Ben oui. T'es toujours après te faire des idées pour rien.

**ELLE**

C'est pas pour rien.

**LUI**

Je l'sais que c'est pas pour rien. Mais quand on a réglé une affaire une fois pour toutes, on revient pas dessus à tout bout de champ. Hier, tu m'en as encore parlé. Ben sûr, si c'tait pas des p'tits enfants qui piquent à travers, on aurait pas besoin de recommencer à chaque année.

**ELLE**

Ah! les enfants aujourd'hui. *(Temps)*. Moi, qui aime tant les fleurs.

*Silence – Elle regarde un pot de fleurs. Elle s'en approche.*

**ELLE**

J'ai bien peur que splante-là soye finie.

**LUI**

Penses-tu?

**ELLE** *la lui montrant*

R'garde. On dirait que les feuilles vont jaunir.

**LUI**

Y a p'têtre moyen de l'arranger encore un peu. Tu sais des fois on pense que c'est fini, pi y a encore quèque chose.

**ELLE**

Oh! Non. Les pétales sont après tomber.

**LUI**

Oui. Mais. Ça ça veut rien dire. Le reste est encore bon.

**ELLE**

Quand y a pu de fleurs, c'est moins beau.

**LUI**

T'en fais pas. Si c'est fini, on le saura ben assez vite.

**ELLE**

Justement, je voudrais l'savoir tout de suite, parce que moi des plantes qui meurent, des plantes sèches, j'aime pas ça.

**LUI**

Arrête de d'tracasser avec ça. On verra ben. La fin, ça s'voit pas. Ça s'voit pas clairement. *(Examinant la plante.)* Ça va finir ou c'est fini. Jamais de fin exacte. Et pi on peut jamais dire vraiment que ça va finir.

**ELLE** *coupant court*

Que t'es donc parleux des fois.

**LUI**

Ben quoi, c'est ben vrai pourtant.

**ELLE**

De toute façon, j'vas attendre. C'est toute c'qui m'reste à faire, mais j'aime pas ça. *(Temps)* Veux-tu d'autre chose?

29

LUI
   Non.

*Elle dessert.*

ELLE
   J'ai planté des tulipes rouges, des jaunes, des noires.
   Pi j'ai planté aussi des...Voyons, comment ça s'appelle.
   Je l'sais...Tu l'sais. C'est tout p'tit, y en a des blancs,
   des bleus, ça fait comme un lit de fleur. Ah...

LUI                    *hésitant*
   Je l'sais pas.

ELLE
   Ah! des...

LUI
   Des?

ELLE
   Des...

LUI
   Des azalés.

ELLE
   Ah! non, c'est pas ça. Voyons... entoucas. J'espère que
   mes soleils vont pousser haut l'été prochain.

*Lui s'allume une pipée.*

   Madame Piché a toujours des beaux glaïeuls. Est chanceuse. Moi, c'est sa vigne grimpante que j'aime.

LUI
   C'est du lierre.

ELLE
   Entoucas, c'est beau. Ça monte après sa cheminée, tout
   le long du mur. C'est frais l'été. Le soir, c'est beau. Ça

rafraîchit rien qu'à voir. *(Temps)* C'tait un bon déjeuner.

LUI                *se levant*
On va être bon au moins jusqu'à midi.

## LE DÎNER

*Elle et Lui achèvent de dîner.*

LUI
        *assez haut, avec toute la force de l'habitude*

Pourtant, j'ai pas plus faim que la mer a soif. *(Silence)*
J'mange ben d'trop.

ELLE
Faut ben manger.

LUI
C'est tellement bon.

ELLE
Y était ben cuit l'jambon, hen papa?

LUI
Ah! oui. Ça y était parfait. Pas trop là, juste assez.

ELLE
C'est pas pour me vanter, mais j'ai toujours réussi mon jambon.

LUI
Comme cuisinière, y en a pas deux pareilles.

ELLE
Alberte, le fait ben cuire aussi.

LUI
Oui.

**ELLE**

Est ben fine Alberte.

**LUI**

Oui.

**ELLE**

C'est celle de mes brues que j'trouve la plus serviable.

**LUI**            *reprochant*

Maman...

**ELLE**

Quoi?...Oh! les autres aussi sont toutes ben fines. Non! J'ai rien à dire contre eux-autres. Mais, c'est normal, y en a toujours qu'on aime pluss que les autres. Moi, Alberte, j'la trouve ben fine.

**LUI**

Garde donc ça pour toi, maman.

**ELLE**

Disons que j'm'adonne mieux avec elle, si tu veux. Parce que moi, mes brues, j'les aime toutes pareilles, comme mes propres filles. Non, moi mes filles, j'les aime, pi j'aime toute mes gendres pareils. On peut pas dire...

**LUI**            *coupant*

C'est ça, t'aime tout le monde.

**ELLE**            *levant les épaules*

**LUI**

Pi moi, m'aimes-tu encore un peu?

**ELLE**

Tu l'sauras pas vieux fou.

*Silence − Elle se lève pour desservir.*

34

ELLE

Qu'est-ce que tu veux pour dessert?

LUI

Ah! J'devrais pas en manger. Y avait l'ananas-là avec le jambon. Ah! qu'y était bon...Non. C't'assez comme ça.

*Elle attend, habituée.*

P't'être que...ouen, donne-moi donc un beigne avec d'la crème. *(Temps)* L'temps est à pluie. A moins qu'y neige. C'est pu chaud. La terre gèle avant qu'on s'en apperçoive.

*Elle le sert.*

Déjà?

ELLE

Comme si j'te connaissais pas.

LUI

Sacrée vieille, va!

ELLE          *choquée*

J't'ai déjà dit d'pas m'appeler la vieille.

LUI

Ben voyons, choque-toi pas pour ça.

ELLE          *avec malgré elle, de gros yeux*

J'suis pas choquée, pantoute. Mais j'aime pas ça, tu l'sais. C'est pas assez drôle comme ça, sans venir me l'rappeler à tout bout de champ.

*Elle lavera rapidement le peu de vaisselle. Il y a Silence au début (très court) mais on sent qu'elle veut dire quelque chose.*

ELLE

Y a assez d'la Bélanger, l'autre jour.

LUI

La Bélanger?

ELLE

Oui, oui, tu l'sais ben, la Bélanger, madame Paul Bélanger! La snob. Celle qui parle toujours avec ses « Je
pense que», «mais je crois que ce n'est guère
mieux». Imagine-toi qu'a m'a laissé entendre que j'me
laissais aller...que j'étais plus qu'une vieille folle qui
dérangeait l'Ouvroir, que j'étais ancienne. Moi, une
ancienne, une folle! A m'aime pas. Quand j'suis rentrée
a m'montrait d'la tête. J'l'ai vue. Ça respire la jalousie
ste femme-là. A m'haï. C'est pas comprenable. A toute.
Quand tu dis toute. Non, moi ça m'dépasse.

LUI

Ben voyons, tu t'es encore chicanée.

ELLE

Oh! c'est-elle. J'ai compris. T'en fais pas. A peut pas
supporter que je soye la présidente des Filles d'Isabelle.

LUI

Quécé qu'à t'a dit au juste?

ELLE

Oh! j'me rappelle pu exactement. J'étais assez choquée.
Mais j'ai bien compris. Ça y a pas d'doute. Quand on a
d'l'argent. C'est facile. Oh! j'me plains pas. Non. Mais
qu'a se r'garde un peu avant d'parler. Tout l'Ouvroir
était là. Tout l'monde! J'étais assez choquée. Qui fait
toute le travail? Qui ramasse du linge pour les pauvres?
En? Qui? C'est pas MADAME BÉLANGER. A fait
rien. C'est bon rien qu'à se pavaner, pi à nous parler de
son voyage en Floride, celui qu'a faite pi celui qu'a va
faire. La chaleur lui rappelle son voyage, au printemps

a r'trouve le temps de Miami, pi à l'automne a nous annonce déjà son départ. Des fois! Si j''me retenais pas. Pi a l'ose me dire que j'suis vieille, dépassée. Mais ça fait rien à l'Ouvroir. Quand tu dis rien. Bonne pour les photos dans l'journal. Ça est toujours là. Toujours souriante. Ah! qu'ça m'choque. Ancienne! Ancienne...ça peut toujours aller. Mais vieille folle par exemple, ça c'est...c'est pas savoir vivre. La femme du docteur, elle, est bien gentille, bien fine, pi la Bélanger, tu devrais la voir tourner autour du nouveau vicaire, un p'tit jeune qui vient d'arriver de Montréal. Y paraît qu'y vient d'Joliette...On connaît personne à Joliette?

LUI                    *sourd et marchant dans la cuisine*
Non.

ELLE
Entoucas, c'est pas comme m'sieur l'curé. Ça c'est un vrai prêtre. Pi la Bélanger est pas pour commencer à tout mener. Ça non. Pi critiquer mon linge, pi toute. Non.

LUI
Tais-toi donc, Micheline.

ELLE
C'est toujours c'que tu dis, c'est pas nouveau. C'est pas pour rien que j'voulais pas t'en parler.

LUI
Bon, ben tais-toé.

ELLE
Quoi? C'est toé qui a commencé.

LUI
C'est ça.

**ELLE**
Ah! qu't'es déplaisant.

> *Silence — Lui se berçant, commence à fu-*
> *mer sa pipe qu'il frappe contre un cen-*
> *drier.*

**ELLE**
Encore! J't'ai déjà dit d'faire attention. Seigneur! Tu vas
ébrécher toutes mes cendriers. Pi r'garde, ça tombe par
terre-là, sur mon plancher. Mais fais donc attention.
Quand cé qu'tu vas comprendre?

> *Lui ramasse les morceaux de tabac —*
> *Elle lavant toujours.*

**ELLE**
Va ben falloir que j'lave mon plancher.

**LUI**
Quécé qu'y a ton plancher? Y est tout propre encore.

**ELLE**
Ben non. R'garde, c'est toute sale, là pi là, tiens.

**LUI**          *choqué*
Micheline! On est tout seuls. Comment veux-tu qu'ça
s'salisse? Christ que t'es fatiquante avec ton maudit
plancher.

**ELLE**
Laisse-moi tranquille. C'est moi qui l'lave. Pi sacre pas.

**LUI**
Moi, ça m'choque assez de t'voir te fatiguer pour rien...
tu m'entends ça m'choque. C'est rien qu'du travail inutile. Y est propre ton maudit plancher. Tu m'entends, y
est propre.

*Temps.*

**ELLE**     *marmonnant*
Y manquerait pu rien qu'ça astheure que tu viennes me dire quand laver mon plancher. C'est pas pour rien qu'je l'lave. Du travail inutile! T'es ben content quand y vient du monde, de montrer ta maison toujours propre.
*(Temps)* *(Puis décidée)* Je l'lave.

*Silence — en lavant, elle se regarde dans un petit miroir.*

**ELLE**
Mon dieu! R'garde-moi donc la tête. C't'effrayant. Quécé qu'j'ai d'l'air. Franchement, faudrait ben qu'j'aille me faire coiffer par Francine.

**LUI**
Quand nos chèques arriveront, tu iras si ça peut t'faire plaisir.

**ELLE**
Oh! C'est pas juste pour m'faire plaisir. J'en ai d'besoin, r'garde. C'est pas compliqué. D'toute façon, tu peux pas dire que j'dépense gros.

**LUI**     *Silence*

**ELLE**     *se retournant, choquée*
J'dépense gros?

**LUI**
Ben non. J'ai rien à dire là-dessus.

**ELLE**
Ben réponds au moins.

**LUI**
J'ai répondu.

*Long silence — Elle a fini de laver.*

LUI
   Ça va être un p'tit après-midi tranquille.

ELLE            *en même Temps*
Nos chèques devraient être à veille d'arriver.

LUI
   Quécé tu dis?

ELLE
   E...rien.

LUI
   Moi, j'disais: Ça va être un p'tit après-midi tranquille.

ELLE
   Un p'tit après-midi d'automne.

LUI
   Faudrait ben qu'j'arrange mon gazon, pi mes arbres, une dernière fois avant qu'ça gèle pour de bon.

ELLE
   Laisse donc faire ça.

LUI
   Y a des branches à couper, les enfants ont pilé sé plates-bandes...

ELLE
   Mon dieu! Y ont pilé sé plates-bandes! Les p'tits mozusse.

LUI
   C'est pas grave.

ELLE
   Ben, mes tulipes!

40

**LUI**

J'les ai arrangées. T'en fais pas. Mais y a des places que l'gazon a l'air long.

**ELLE**

Robert fera ça quand y viendra en fin d'semaine.

**LUI**

J'aime pas ça, tu l'sais.

**ELLE**

Je l'sais ben qu'y faut pas trop leur en demander. Mais quand même.

**LUI** *en soupirant*

D'toute façon, j'pense que j'pourrais pas le faire aujourd'hui. Avec ma jambe. A m'élance sans bon sens. C't'effrayant.

> *De cette jambe, il donne quelques coups par terre.*

La circulation se fait pas. Maudite jambe. Quécé tu veux quand la circulation à s'dérègle. J'ai ben envie d'essayer la tisane des sauvages. Tu sais celle que m'a recommandée Jos Courtemanche. Y doit avoir raison. Les pilules sont pas bonnes. Ça au moins ça doit être bon. Les sauvages leurs remèdes, c'est naturel. Y connaissaient ça.

**ELLE**

Albert! Quancé qu'tu vas arrêter d'prendre toutes sortes de médicaments à gauche pi à droite. Ça va t'jouer un mauvais tour un jour. Tu vas voir. Ça va t'jouer un mauvais tour.

**LUI**

Bah! Ça peut pas être pire.

*Elle sort du reprisage – s'installe près de
la fenêtre ou Elle regarde à la dérobée –
Lui dans la berceuse près du buffet.*

LUI
Si j'étais pas si malade, j'aurais été à chasse avec mon
Jean.

ELLE          *reprochant*
Albert.

LUI
Me promener dans l'bois-là. Avec les feuilles qui cra-
quent. Rester à l'affût. Pis tout d'un coup. Paf. Ça y est.
Une belle bête qui arrive tout d'un coup. Ah! qu'j'aimerais ça. Pi t'es ben dans l'bois. Avec toute la nature,
l'air, le silence. Qu'on est donc ben. Tu peux pas comprendre ça.

ELLE
Ah! j'comprends.

LUI
L'an prochain, ça ira p'têtre mieux. *(Temps).* Qu'j'en
ai faite d'la chasse avec Didier Charbonneau, pi Jos.
Ah! c'tait l'bon temps. Pi ça l's'rait encore si c'était
pas de ste maudite jambe.

ELLE          *distraite*
Toujours la même?

LUI
Oui. Est pu bonne, pu bonne pantoute. On vieillit. C'est
comme la pêche, j'm'ennuie d'ça. Des fois, j'voudrais
entendre rien que l'son d'l'eau. C'est r'posant.

ELLE
Ah! L'son d'l'eau, y a rien d'plus r'posant. C'est beau.

42

**LUI**

Quécé tu veux, faut rester icit. On bouge pas trop trop. On vieillit.

**ELLE**

J'oubliais d'te dire: Sylvette est morte.

**LUI**

Oui?

**ELLE**

Oui. J'ai appris ça hier soir.

**LUI**

Hier soir?

**ELLE**

Oui, tu dormais, quand j'suis rentrée.

**LUI**

J'dormais pas, j'arrivais pas à dormir.

**ELLE**

J'aurais juré qu'tu dormais.

**LUI**

Pourtant, tu l'sais qu'j'ai d'la misère à dormir.

**ELLE**

J't'ai appelé doucement, y faut dire.

*Temps.*

**LUI**

Comme ça est morte. Sylvette qui?

**ELLE**

Tu sais ben la p'tite Duval. Ètait mariée avec Georges Lévesque.

**LUI**

Le fils de Jean Lévesque qui travaillait chez Grover?

43

**ELLE**

C'est ça. Tu sais ben, y restait dans côte près d'la maison rouge.

**LUI**

Georges?

**ELLE**

Non! Jean. Une belle maison avec une grande galerie pi des arbres tout autour. Toujours ben propre. Tu t'en souviens, ç'avait été un grand mariage. Travaillante, sa femme. Dépareillée.

**LUI**

Comme ça est morte?

**ELLE**

Et oui, cinq ans après son beau-père.

**LUI**

Était jeune.

**ELLE**

Oui. Y étaient mariés depuis dix ans.

**LUI**

De quoi qu'est morte?

**ELLE**

Je l'sais pas. Ça doit être le cancer.

**LUI**

Quand l'bon dieu vient vous chercher...

**ELLE**

C'est pas drôle.

**LUI**

C'est comme pour Henri.

**ELLE**

Oui, pauv'Henri. Quicé qui aurait dit ça.

**LUI**

Oui, Henri. *(Long Temps)* Maudit cancer.

**ELLE**

Non. Pas le cancer.

**LUI**

Oui.

**ELLE**

C'était pas le cancer, il me semble que c'était une congestion cérébrale.

**LUI**

Non, non. Pas une congestion cérébrale. Tu t'trompes avec Maurice Bellefleur.

**ELLE**

Penses-tu? *(Temps)*. Ah! oui. C'est vrai. J'me mélange. Ben c'était l'cancer. J'm'en rappelais pu.

**LUI**

Le cancer.

**ELLE**

Le cancer de quoi donc déjà?

**LUI**

Généralisé. Le cancer généralisé.

**ELLE**

C't'effrayant. C'est tellement souffrant. J'ai vu madame Beauchamp quand est morte de ça. Le cancer, elle aussi.

**LUI**

J'm'en souviens.

**ELLE**

Mon dieu, qu'était maigre. Ètait quasiment pas reconnaissable. C'est t'effrayant tous ceux qui meurent de ça.

**LUI**

C'est pas drôle.

**ELLE**

Pauv' madame Beauchamp.

**LUI**

Pis lui y est veuf.

**ELLE**

Non...

**LUI**

Non?

**ELLE**

Non après être déménagé, y s'est r'marié. J'te l'avais dit.

**LUI**

J'm'en souviens pas.

**ELLE**

Ben oui. Y s'est r'marié.

**LUI**

Attends un peu. Ben oui, c'est vrai. Avec la grosse Janine.

**ELLE**

C'est ça, tu t'en souviens là. Oh! ç'a pas pris de temps.

**LUI**

C'est son affaire.

**ELLE**

Je l'sais ben. Ça nous r'garde pas. C'est son affaire.

Mais tout d'même. Entoucas. J'ai rien dit...Y zont l'air heureux...C'est toujours de même. Est ben plus jeune que lui. Pauv' madame Beauchamp, si a l'voyait.

*Silence.*

LUI
Comme ça est morte.

ELLE
Qui?

LUI
Sylvette.

ELLE
Oui. *(Temps)* Si jeune.

LUI
C'est ben pour dire.

ELLE
C'est comme pour not' Géraldine.

LUI
Géraldine?

ELLE
Ben oui, la cinquième. *(Temps).* Morte à onze mois du mal de tête. Si j'm'en souviens.

LUI
Ah! oui. On a beau dire...mais j'les mélange quand y sont morts jeunes. J'les oublie. Y en a eu assez! Ah! on savait pas quoi faire, j'la vois encore là, a criait. On a faite not' possible.

ELLE
Pi aujourd'hui, y ont beau dire, y en savent pas pluss. Dans l'temps, c'était la tuberculose, l'indigestion aiguë.

Aujourd'hui, c'est l'cancer. Moi, j'me rappelle, quand j'étais fille, y avait un voisin, Jean-Baptiste, y était toujours malade, maigre sans bon sens. Y savait pas c'que c'était. Personne le savait. Les ramancheux, les rabouteux, les chiros, les médecins, le frère André. Rien. Y a rien qui faisait.

LUI

Ah! oui. Jean-Baptiste, qu'y était violoneux à côté de chez vous.

ELLE

Ben non. Ça c'est l'troisième Jean-Baptiste. C'est ben plus tard. Moi, j'te parle du premier. C'est ben avant. Ste femme-là avait la manie aussi de donner les mêmes noms à ses enfants quand le premier était mort. Ça fait qu'y a eu trois Jean-Baptiste, deux Ange-Aimée, trois Aldéric. Faut-y être niaiseux pour donner le même nom comme ça. Ça doit être pas chanceux, c'est certain. *(Temps)*. De quoi-cé j'parlais là?

LUI                    *cherchant*

ELLE

Ah! Ca d'vait pas être important. *(Temps)*. Tiens, Jacques qui passe. Y a donc l'air en pleine forme.

LUI

Toujours en pleine santé. Quécé que tu veux, c'est comme ça. Y en a qui sont en bonne santé et pi y en a qui sont pas en bonne santé. Chacun son lot. Pi quand vient l'temps d'mourir: oups! ça y est. C'est comme une roue. Quand ça frappe, y a une raie qui casse. Vlan! Pi le reste continue. Not' tour viendra ben.

ELLE

Tais-toi donc. *(En riant)*. Parleux. *(Temps)*. Jacques va marier sa fille Ida.

LUI
Oui?

ELLE
Oui, l'printemps prochain, ça va être un gros mariage.

ELLE
J'suis ben content pour lui, pi pour elle aussi. Ça va en
faire d'autres.

ELLE
J'sais pas si on va d'être invités?

LUI            *reprochant*
Maman. *(Temps)*. Ben sûr, ça s'rait l'fun. Des noces!

ELLE
Je l'sais pas si nos enfants vont penser à nos noces d'or.

LUI
Ben voyons. Pourquoi tu penses à ça?

ELLE
Ben quoi, Albert! Nos noces d'or!

LUI            *moqueur*
Ah! c'est tout un événement.

ELLE
Ris pas d'ça. J'te comprends pas. Ah! pi tu dis ça juste
pour me faire enrager.

LUI
C'est ben du trouble pour rien.

ELLE
Comment ça pour rien? Voyons! Cinquante ans. C'est
rare. C't'une fête. C't'un honneur. Nos enfants devraient
être fiers.

LUI

Bah! Ça les r'garde pas tant que ça. C'est nous deux qu'ça r'garde. C'est ça qui compte. C'est toute du flafla pour rien. Entoucas, pas pour rien, mais j'me comprends.

ELLE

T'es ben chanceux, parce que moi j'comprends pas. C'est nous autres que ça r'garde, c'est certain. Mais on a des enfants. Y devraient être fiers de nous autres. Y en feront pas autant. J'leur souhaite pas. Non! Mais... du train qu'certains sont partis...Non, y devraient être fiers. Ah! pi tu parles pour rien. T'aimerais ben ça va, un bon souper, un beau souper. Tout l'monde. En! r'voir toute not' monde, une fois avant d'mourir. S't'une chance, c't'un cadeau. Ça s'rait beau. On s'rait chic toué deux. Tu m'f'ras pas croire que ça t'dit rien. Tu f'rais un beau discours. Là, tu pourrais faire ton parleux. C'est pas gênant. Moi, j'ai l'habutude des sorties.

LUI

J'comprends, j'comprends. C'est certain que voir toute not' monde là. C'est beau. Comme qui dirait: c't'un accomplissement, même si on en perd des boutes.

ELLE

D'toute façon, toute c'qu'on peut faire, c'est espérer.

LUI

Ouen, espérons. Mais c'est ben du trouble pour eux autres.

ELLE

Ben on s'en ai pas donné du trouble nous autres aussi? On va attendre voir si les enfants vont en parler. Faudrait l'savoir avant. Mon Dieu, moi, j'pourrais pas supporter une surprise de même.

*On sonne.*

ELLE
Tiens, qui c'est ça?

LUI
Le facteur.

ELLE
C'est drôle, j'l'ai pas vu arriver.

*On sonne.*

LUI
Vas-y donc.

ELLE
Oui, oui, oui, on arrive.

FACTEUR
Bonjour, madame Dumouchel.

ELLE
Bonjour Baptiste. On sonne aujourd'hui!

FACTEUR
Ben oui. Vous m'avez pas vu venir?

ELLE
J'étais occupée.

FACTEUR
C'est comme chez Marie, à côté, ça répond pas.

ELLE
Non? *(Petit temps)*. Vous rentrez pas un peu?

FACTEUR
Non. J'vous r'mercie ben, mais j'ai pu l'temps.

ELLE                    *très sous-entendu*
Ah!...

**FACTEUR**

J'suis un peu en retard. Tiens, voici, vot' lettre.

**ELLE**

C'est tout?

**FACTEUR**

Oui.

**ELLE** *riant*

C'est pas un compte, tant mieux.

**FACTEUR** *niaiseux*

Pour sûr.

**ELLE**

Merci Baptiste. Bonjour-là.

**FACTEUR**

Bonjour. Pi à vot' mari aussi.

**ELLE** *en fermant la porte*

C'est ça. Bonjour. *(Temps)*. Y empeste l'alcool à plein nez. On connaît ça ses r'tards.

**LUI**

Tais-toi donc.

**ELLE**

J'sais c'que j'dis. C'est curieux qu'Marie ait pas répondu. A doit être partie. Pourtant a m'en aurait parlé. Pauv' Marie.

**LUI** *reprochant*

Maman...

*Elle regarde partir le facteur par la fenêtre.*

**ELLE**

Entoucas, lui y devrait pas prendre un coup. Avec une

famille! *(Tut tut tut de la langue)*. Y va perdre sa bonne job, pi y sera encore sur l'assistance. On dirait qu'y veulent pas être heureux. Y comprennent pas faut croire. C'est simple, y veulent pas.

**LUI**
La lettre?

**ELLE**
Ah! oui, mon Dieu...attends. J'vas m'essuyer les mains. *Temps.* Où sont mes lunettes donc? Ah! *(sur le buffet)* j'pense que c'est de...de...de Rimouski. Ça doit être Alberte.

**LUI**
Des nouvelles de Georges.

**ELLE**
Oui. *(Elle lit).* «Rimouski, le 25 octobre 19...» Mon Dieu, ç'a pris trois jours à arriver. On peut pas s'fier. J'continue. «Bonjour belle-maman. Je suis très heureuse de vous écrire. C'est un plaisir, vraiment. La semaine dernière, j'ai gagné au bingo. Je suis ben chanceuse. Comme vous!» Est ben plus chanceuse que moi. <u>Cré</u> Alberte! «Comme vous! C'était très plaisant. Georges va bien. *(Lui fait: Ah!)* Il a toujours son excellent travail.» C'est vrai, y a été chanceux d'avoir ça.

**LUI**
Y'l'méritait. C'est l'meilleur garçon qu'y a pas.

**ELLE**              *continuant*
«Travail. La santé est bonne pour tout le monde. Hier, Isabelle s'est presque cassé la jambe à cause que la petite voisine qui est mal élevée sans bon sens. Pauvre Isabelle! Elle a commencé ses cours de piano.» *(Ravie)* Des cours de piano! Isabelle...c'est fin. Voyons où

qu'j'étais rendue donc, ah... «Paulo arrive bien en classe. Comme vous devez le savoir, mon frère Germain est mort la semaine passée. C'est un grand malheur. Mais y avait deux landaux de fleurs. C'était beau, bien émouvant. C'est la vie.» Qui ça Germain? T'en rappelles-tu?

LUI
Non.

ELLE
Pourtant y devait être aux noces. C'est vrai qu'ça fait longtemps. J'continue: «Je compte bien vous voir au pélerinage au Cap l'an prochain.» J'manquerai pas ça si j'ai la santé. J'continue: «Prochain. Je sais pas si on va descendre aux fêtes bientôt. Ça dépend de beaucoup de choses, inconvénients incontrôlables. Il commence à faire froid ici, vraiment. Pourvu que l'hiver soye pas trop dur. Bien je vous laisse. Un beau bonjour au beau-père, toujours si charmant. Bonjour, à tous les autres. Donnez-nous de vos nouvelles. Bonjour. Et vous êtes bien chanceux d'être que comme vous êtes. On va faire notre possible pour les fêtes. Bonjour, Votre belle-fille, Alberte. A bientôt.»

*Temps long.*

LUI
Sont chanceux à Rimouski.

ELLE
Oui.

LUI
A écrit compliqué un peu me semble.

ELLE
Est allée à école longtemps.

54

**LUI**

Oui, ben sûr. Entoucas, ça fait du bien d'avoir des nouvelles pi des bonnes nouvelles.

**ELLE**

Pi la p'tite Isabelle qui s'est faite faire mal. Y a donc
des enfants mal élevés.

**LUI**

Oui. *(Temps)*. Les siens aussi y auraient à gagner. Moi,
j'trouve qu'a leur donne toute.

**ELLE**

Oui. T'as raison. Oh! C'est juste pour parler, mais les
enfants sont toutes gâtés. Garde le Gilbert à Robert.
Nous autres on les a pas élevés de même.

**LUI**

On a fait not' possible.

**ELLE**

Pour sûr.

**LUI**

C'est certain qu'ça doit être plus dur aujourd'hui. Y a
tellement d'affaires.

**ELLE**

J'sais pas.

**LUI**

C'est ben possible. Ces enfants-là ont toute le monde à
tv. Y peuvent aller aux vues. Y en voient des affaires.
Pi y en apprennent.

**ELLE**

Oui. *(Temps)*. J'me d'mande c'que Paulo va faire plus
tard. Y réussit bien. Si faisait un prêtre.

55

LUI

Ça m'étonnerait. Bah! Nous autres on verra pas ça. Pourvu qu'y réussissent. *(En riant)*. On l'sait astheure, y risquent même d'aller partout dans l'espace.

ELLE

Ça s'peut pas. Ça achève c't'affaire-là.

LUI

Ah! Ç'a changé...pi ça change encore. On est pluss que dépassés. R'garde les autos. L'monde y croyait pas. Moi, j'avais été l'premier dans mon boutte à en avoir une. J'étais jeune. C'est toute du passé, astheure.

ELLE          *muette – regarde la lettre*

LUI

Toute du passé.

          *Temps.*

LUI

Pauv' Georges, pris avec une femme qui aime le bingo.

ELLE

Quécé qu't'as à dire?

LUI

Ah! pas pluss que ça.

ELLE

Tu peux ben parler. On aurait encore not' vieille tv, si j'avais pas gagné celle-là.

LUI

T'es ben chanceuse. Tu devrais encadrer tes cartes de bingo chanceuses.

ELLE

T'es donc drôle.

**LUI**                  *(riant)*

Pi faire des chapelets avec les graines chanceuses.

**ELLE**

Veux-tu arrêter. Pi pour commencer, c'est pu des graines de blé d'inde, si tu veux savoir. *(Moqueuse)*. C'est
des j'tons en plastique rouge pi vert, pi bleu. Ça aussi
ç'a changé!

                    *Silence.*

**ELLE**          *regardant par la fenêtre, surprise*

Tiens, la p'tite Gibeault est pas école aujourd'hui. Sa
mère l'élève donc mal. *(Temps)*. Garde-la, la p'tite
bonjour, garde-la jouer, a agace le chien.

**LUI**

Que t'es donc senteuse.

            *Elle hausse les épaules.*

**ELLE**          *riant, contente*

Y a un professeur qui passe. J'te dis qu'la p'tite
Gibeault est rentrée dans maison. J'sais pas qui
c'professeur-là. Les religieuses étaient mieux.

**LUI**

Les maudites soeurs.

**ELLE**

Albert!

**LUI**

J'sais c'que j'dis. Depuis qu'j'ai été à l'hôpital dans
l'temps, j'sais à quoi m'en tenir. L'argent! Rien qu'l'argent. D'une main y t'montraient l'crucifix, pi de l'autre
y t'arrachaient ton portefeuille. *(Temps)*. Pi aujourd'hui,
c'est pas mieux. T'es un numéro avec ta p'tite carte,
t'attends à en pu finir, pi y a personne qui s'occupe de

toi. J'voudrais pas être ben malade. Ah! non. *(Temps)*. Mourir d'un coup. *(Temps)*. Une chance qu'on a not' maison.

**ELLE**

Oui, une chance qui nous reste not' maison. Moi, un appartement, j'aimerais pas ça.

*Temps.*

**LUI**

Ah! Chacun son temps. Nous autres on est anciens. Eux autres y sont jeunes. Ça change, c'est comme d'autre chose.

**ELLE**

Ça veut pas dire qu'y sont corrects. T'es trop large. *(Temps)*. Une chance, m'sieur l'curé est ben fin.

**LUI**

Commence pas encore à m'parler d'ton curé, t'arrêtes pu. Aujourd'hui, j'ai pas envie d'entendre ça. L'curé, pi les filles d'Isabelle, pi ta soeur secrète.

**ELLE**

Quoi? Quoi? Ma soeur secrète! Quécé qu't'as contre ma soeur secrète? T'a connais même pas. Pi moi non plus. Mais j'm'en doute. Eh Seigneur! Quécé qu't'as aujourd'hui? Ah! Pi tu parles pour parler.

*Long Silence*

*Bruit de ciseaux, de la berceuse, musique: Frère Jacques — avec quelques phrases.*

**ELLE**

Moi, ça m'fait une distraction.

Faudra pas oublier d'écouter les événements sociaux.

LUI
Oui. *(Il chantonne)*.

ELLE            *sortant du chocolat du buffet*
Veux-tu du chocolat? Tiens, prends ceux-là, sont bons.

LUI
Non, tu l'sais, j'aime pas ça.

ELLE            *soupirant*
Oh! j'vas en manger quèques-uns, sans ça ça va
s'perdre. C'est Rose qui m'a donné ça, quand est venue.
Est fine Rose. *(Temps)*. Nous autres, on est chanceux.
On a pas à s'plaindre. On est ben. On est ben mieux
d'pas en parler. C'est mieux.

              *Silence qui continue*

ELLE
Tu devrais faire des mots croisés, Albert, pour te dis-
traire un peu.

LUI
Des mots croisés? *(Temps)*. Ah! c'est pas qu'j'haïrais
ça. Non. Garde, j'pense que c'est l'journal d'hier ça.
Ben j'ai essayé. Pi ça marche pas.

ELLE
Ça marche pas?

LUI
Non. Ça marche pas. Ah! J'comprends c'qu'y veulent
dire, ben souvent. J'pas fou. Mais j'ai pas de mots.
J'manque de mots, tu comprends. J'ai jamais assez
d'lettres ou j'en ai trop.

**ELLE**

Oui. *(Temps, puis plus ou moins distraite)*. Ah! C'est pas drôle.

**LUI**

Pi y est trop tard pour apprendre des mots. A mon âge.

**ELLE**

Nous autres on s'comprend. C'est ça qui compte.

**LUI** *souriant*

On s'comprend à d'mi-mot.

**ELLE** *sourire entendu*

Oui.

**LUI**

Et pi j'ai d'la misère à lire, tu l'sais, je vois pas.

**ELLE**

Tiens, Mathias vient d'sortir su sa galerie.

**LUI**

Oui?

**ELLE**

Oui.

**LUI**

Y a longtemps qu'j'l'ai pas vu, c'pauv' Mathias. Ça c'est un joueur de cartes! *(Temps)*. Le vois-tu comme y faut?

**ELLE**

Pas tellement.

*Il s'approche d'elle.*

**LUI**

Si c'était pas d'mes maudites jambes, que j'irais donc l'voir.

60

**ELLE**

Y r'garde par icit, on dirait.

**LUI** *anxieux*

Oui?

**ELLE**

Oui. Y est là d'boute su sa galerie, les mains dans poches. Pi y r'garde par icit.

**LUI**

Y as-tu l'air d'vouloir venir par icit? Qu'ça m'f'rait donc plaisir de l'voir. Lui, y joue aux cartes!

**ELLE**

J'sais pas. Y bouge pas.

**LUI**

Pi?

**ELLE**

Attends un peu. *(Silence)* Y rôde su sa galerie. Tiens, y s'sort une chaise.

**LUI**

On a une belle vue de chez eux.

**ELLE**

Tu pourrais p'têtre lui téléphoner.

**LUI** *à regret*

Tu sais ben comment j'chu au téléphone, j'comprends rien. *(Il retourne s'asseoir).* Ah! pi quand y voudra venir, y viendra ben.

**ELLE**

Tiens, y vient d'rentrer.

**LUI**

Y doit faire trop fret aussi. Tu parles d'une idée.

*Silence — Elle finit son reprisage, feuil-*
*lette un catalogue, Lui s'endort dans sa*
*chaise.*

**ELLE**

J'ferai mon r'passage demain. J'sais pas c'que j'ai aujourd'hui. Chu fatiguée sans bon sens. *(Temps)*. La
température change assez. Toute change faut croire.
C'est rendu qu'c'est rien qu'ça qu'on dit: ça change. Ça
change. Moi y a des fois ça m'f'rait quasiment peur. Ça
change. Ça change. Pi c'te température froide...Avec
l'hiver, ça va être les fêtes. Une chance qu'y a les fêtes.
Mais on sera vraiment pas capables de donner des
cadeaux aux petits-enfants. Ça coûte trop cher. Sont ben
d'trop. Pauv' p'tite Isabelle, pi Paulo, pi Gilbert...Faut
d'être des bons grands-parents. Mais ça coûte cher.
*(Temps)*. On en donnera rien qu'aux plus p'tits. De
même les grands vont comprendre. Sont assez vieux.
*(Temps)*. Mais j'me d'mande...J'sais pas si j'vas d'être
capable de r'cevoir toués enfants au Jour de l'An?
*(Silence)*. Albert?...Albert?...Tu dors?

**LUI**          *se réveillant*

Non...non...j'étais distrait.

**ELLE**

J'disais: J'me d'mande si j'vas d'être capable de r'cevoir toués enfants au Jour de l'An?

**LUI**

C'est ben d'trop d'ouvrage pour toi.

**ELLE**

Je l'sais. Mais ça fait plaisir de s'voir. On sait pas si
l'an prochain...Ah! j'aime mieux pas y penser.

**LUI**

On est vieux.

**ELLE**
Parles-en pas.

**LUI**
Entoucas, y pourraient v'nir, mais sans rester à manger.

**ELLE**
C'est malaisé de pas leur offrir à souper, y en a qui viennent de loin.

**LUI**
Oui, mais y devraient comprendre.

**ELLE**
C'est compliqué. C'est vrai qu'Alberte pourra p'têtre ben pas v'nir.

**LUI**
Oui.

**ELLE**
Ça en ferait sept de moins.

                    *Silence*

**LUI**          *regardant l'heure*
Le train de trois heures est pas encore passé. Y est en retard.

**ELLE**
Mon Dieu!

**LUI**
Quécé qu'y a?

**ELLE**
L'ambulance!

**LUI**
Oui! Où ça?

ELLE
Juste à côté. Chez Marie.

LUI
Non.

*Il s'approche d'Elle, les deux sont tendus
dans la fenêtre, Lui légèrement en arrière.*

ELLE
Mon Dieu!

LUI
De quoi?

ELLE
Le prêtre!

LUI
Le prêtre aussi? Ça doit être grave.

ELLE
Si fallait que...

LUI                        *sentencieux*
C'est comme une roue, quand ça vient, y a une raie
qui...

ELLE                       *coupant*
Tais-toi donc.

*Ils attendent pressés l'un contre l'autre.*

ELLE
Pauv' Marie.

LUI
Et oui.

*Temps — elle marche, revient à la fenê-
tre, se heurte contre lui.*

**ELLE**

Ote-toi donc dins jambes.

**LUI**

Excuse-moi maman, excuse-moi. Prends sur toi Micheline.

**ELLE**

J'sais pas si je pourrais appeler, pour savoir?

**LUI**

Ben oui, appelle.

**ELLE**

Y vont encore dire que j'passe mon temps dans fenêtre. *(Temps)*. Pauv' Marie, toute seule. C't'effrayant! *(Temps)*. J'appelle.

**LUI**

C'est ça.

**ELLE**                *appelant en marmonnant*

Si fallait...mon Dieu...non.
Allô? Oui...oui...qui parle-là? En? C'est madame Dumouchel, la voisine. C'est parce que j'ai vu l'ambulance, à côté. Ça fait que j'me demandais si...étant donné... en? Quoi?...Oui...Oui...Non...Oui. Bon. Quoi? Mais... Ah! Marie est...Merci, monsieur.

> *Elle revient pâle, on la sent prête à éclater en sanglots. Elle s'approche de la fenêtre, elle semble soudain très lasse, lourde; son mari la regarde, va vers elle.*

**LUI**

Quécé qu'y a?...Est morte?

**ELLE**

Oui...oui...j'ai appelé, pi y m'ont dit qu'était morte.

LUI

Qui ça?

ELLE          *choquée*

Albert! Marie.

LUI

Non, j'veux dire qui t'a dit ça?

ELLE          *lente*

J'sais pas. Un infirmier, j'suppose. J'ai dit qu'j'étais la
voisine, que j'avais vu l'ambulance, que j'me demandais
ce qui s'passait. Pi y m'a dit qu'y avait quelqu'un avec
elle, qui avait appelé l'ambulance, pi le prêtre, que
c'était... qu'était morte. Déjà...déjà...déjà...

LUI

L'prêtre s'en va. J'pense que c'est l'jeune.

ELLE          *éclatant en sanglots*

Ah! mon Dieu. J'sais pas c'que j'ai. Oh! j'comprends pas
ça. *(Elle s'assoit).* J'comprends pas. J'comprends pas.
Ah! j'm'amollis.

LUI          *ne sachant que dire*

On vieillit.

ELLE          *se dressant en criant*

On vieillit. On vieillit, vieillit, vieillit, vieillit. Je l'sais.
Je l'sais, m'entends-tu? Je l'sais. Arrête de l'répéter.
Tu parles de ça à journée longue. C'est toute c'que tu
dis. Tout l'monde autour de nous autres s'en va. R'garde
autour, toute meurt. On a beau rire, ça paraît pas, mais
c'est là. C'est là.

> *Il baisse la toile dans la fenêtre et la
> prend dans ses bras.*

Partout, r'garde la maison qui penche pluss su un bord.

66

Quand j'lave le plancher, je l'vois ben que ça gondole, que ça craque. Les arbres ont tombé. Faut que j'r'commence mes tulipes à chaque année. Les briques se défont en p'tits morceaux. Faut tout l'temps s'battre. J'en ai assez, Albert! J'en ai assez. Chu tannée. Après toute c't'vie. Quand j'lave le plancher, je l'vois ben qu'la maison est pu d'niveau.

LUI
Oui, la maison travaille, on l'entend la nuit.

ELLE
Ah! C't'effrayant. C't'effrayant. J'ai peur. J'ai peur Albert.

LUI
Sois pas comme ça. C'est pas bon. T'en fais pas.

ELLE                    *effrayée*
Toute, tout l'monde.

LUI
Oui.

ELLE
Ce s'ra p'têtre toi le premier.

LUI
Ou toi.

ELLE
Albert! Ah!...non...non...j'veux pas.

LUI
T'en fais pas Michou. Viens on va dire un chapelet pour elle.

> *Ils se mettent à genoux, elle pleurant*
> *doucement, appuyée sur une chaise, lui*

*commence à dire le chapelet, ils s'affaissent peu à peu.*

On choisira entre la possibilité un ou deux ou rien du tout.

UN:

Les murs disparaissent, un écran est descendu à l'arrière. La scène devient une sorte de toit. Les deux vieux sont complètement affaissés comme deux gros sacs, récitant en murmure le chapelet.

Ici on pourrait laisser tomber les parties c, d, e — c'est b qu'il faut conserver.

a) Apparaissent plusieurs couples de vieux, tous habillés d'une façon identique et peut-être semblables aux deux vieux.

Deux vieux sont dans des berceuses au bord du toit, à gauche, se berçant en chantant: *En veillant sur le perron.* Tous se mettent à le chanter pendant un instant. Tous se bercent tellement qu'ils se renversent.

b) photo: Photos jaunies de Lui, jeune avec grand sourire, puis Elle, puis les deux ensemble, puis au mariage.

film: un champ blond au coeur de l'été.

still: Elle dans sa maison, un schack, en couche, criant, lui attend à la porte, le soleil luit entre les planches. Même scène, mais il neige.

act.: on la voit jeune, courant dans le champ.

still: mariage — Elle lave le plancher.

act.: soirée dans la grange, elle danse avec lui, danse et danse.

still: funéraille d'un petit enfant – il neige.

act.: champ où il se trouve avec Elle et une autre femme; il les fait tourner.

still: Lui avec sa boîte à lunch dans une petite rue, marchant. Madame Bélanger régnant sur son groupe, photo dans le journal. Annonce de savon.

act.: elles tournent et tournent dans le champ. C'est la moisson.

still: il arrive à la maison, quatre enfants attendent en ligne, ils ont désobéi, il doit les punir.

act.: elles tournent, il fait tomber Elle, il tombe pardessus Elle, il y a toujours danse, ils s'embrassent.

still: montagne de bas troués – Elle lave et lave – il rentre avec sa boîte à lunch.

c) pendant ce temps, une jeune fille apparaît sur la scène et commence à laver le plancher, elle se relève avec effort. Un aide arrive et lui plaque une forme de vieille, comme un mannequin qui s'ajuste à elle. Elle traverse la scène en disant: Non! Puis calmement elle arrive au bord du toit, se retourne puis lentement, droite, tombe de dos en se détachant de la structure.

d) des vieux regardent la salle:

Deux s'embrassent, se caressent, roulent sur le sol, etc.

Deux s'engueulent, se battent, etc.

Deux vont regarder au bord du toit puis rôdent, et rôdent.

e) Sur l'écran apparaît un jeune homme style actuel jouant de la guitare et chantant (peut-être: *Dans ma ville grise de presqu'Amérique*).

Deux vieux crient: Bravo, et se font une fête.

Deux vieux hurlent et se jettent en bas du toit.

Deux vieux agonisent.

Deux vieux prennent un fusil et tirent sur le jeune homme.

TOUT s'estompe: sur l'écran ou sur la scène: les vieux forment une farandole qui n'est qu'une danse de mort.

DEUX:

Texte qui pourrait être enregistré d'avance.

ELLE et LUI: *(Elle en retard d'un mot).* Jeune. J'ai été jeune.

ELLE et LUI: C'était beau.

LUI

C'était tout le temps l'été.
Dans le champ blond comme le soleil.

ELLE

C'est là.
La première fois!

LUI

La première fois.
On tournait dans l'air pi dans la chaleur blonde comme des vrais fous.

ELLE

C'est là!

ELLE et LUI     *Elle en retard d'un mot*
Jeune. J'étais jeune.

LUI

Un beau mariage. C'a été un beau mariage.
Toute en sourire pi en 1, 2, 3, on y va par là.
Ça riait. Avec des photos.
Mais la p'tite est morte.

ELLE

La première neige. C'était la première neige.

LUI
   Tout le reste a été pareil.

ELLE
   Toujours pareil. L'air passait à travers les murs.

LUI
   Les saisons brassaient la maison pi not' vie.

ELLE
   Lave pi lave pi lave
   Pi rac'mode, rac'mode.

LUI
   Te lève, pi marche, pi marche
   Avec ta boîte à lunch
   Pendant qu'la grange sert pu.
   Quand tu rentres, les p'tits qu'y ont fait des bêtises
   Attendent en ligne.
   Faut les punir.

ELLE
   Faut ben les élever.

LUI
   Jeune.

ELLE
   On a été jeunes.

LUI
   C'est dans grange, s'soir-là qu'on a été ben.

ELLE
   Pi ensuite, dehors.

LUI
   Dans fraîcheur.

**ELLE**
Avant l'hiver. Faut toute faire avant l'hiver.

**ELLE et LUI**
J'ai été jeune.

## LE SOUPER

*Les murs auront disparu ou disparaîtront pendant cette partie. La lumière revient très faible. L'atmosphère aura changé. Il y a entre eux quelque chose de plus intime, de plus fragile, avec comme une nécessité de ne pas trop bouger, de ne pas faire de bruit, de trouver du plaisir, une joie quelque part...dans ce qui reste.*

ELLE
Lève donc la toile, papa. Y commence à faire noir ici d'dans.

*Il lève la toile.*

«Ce n'est guère mieux.» Bon, vlà que j'parle comme la Bélanger. C'est drôle. Mon Dieu, que les jours raccourcissent. Encore un peu pi toué jours vers cinq heures, même quatre heures et demi, y va faire noir.

LUI
Va falloir commencer à chauffer. La nuit passée, c'était pas trop chaud.

ELLE
L'automne a donc passé vite, c't'année. C'est presque déjà fini.

*Silence.*
*Immobiles, tous les deux ont le goût de ne*

*rien faire puis peu à peu, ils se resai-*
*sissent, Lui feuillette un journal, lit la*
*lettre d'Alberte ou essaie; Elle, mécani-*
*quement, met la table.*

LUI
Sors pas grand chose, j'ai pas faim.

ELLE
Moi non plus.

LUI
D'toute façon, j'mange pas gros l'soir, tu l'sais.

ELLE
Moi non plus.

LUI
Surtout pas de viande.

ELLE
Non, pas de viande le soir. *(Temps).* Veux-tu des patates rôties? Y en reste d'à midi.

LUI
Non, juste un peu de salade avec des toasts.

ELLE
Moi, chu pas capable de manger ça des patates rôties. J'les digère pas. Aussi ben des j'ter d'abord.

LUI
C'est drôle...

ELLE
Quécé tu veux dire?

LUI
E...rien.

*Ils ont l'air d'attendre.*

LUI

Quelle heure y est là?

ELLE

Sept heures dans vingt.

LUI

Ah! faut ben manger.

> *Elle et Lui mangent de la salade, des sandwiches.*

ELLE

J'vas me prendre juste un peu de salade, avec un peu de pain. *(Temps).* Pauv' Marie.

LUI

Oui, pauv' Marie.

ELLE

C'est ben terrible.

> *Silence.*

LUI

Elle qui vivait toute seule.

ELLE

Oui, toute seule.

LUI

Ça doit être pire quand ça vous arrive, tout seul. *(Temps).* Ah! j'ai pas tellement faim.

ELLE

Oui. *(Temps).* Mais l'infirmier a dit que quelqu'un avait appelé. J'sais pas qui? Une chance qu'y avait quelqu'un, sans ça...a serait là, au froid, pi on l'saurait pas.

LUI

Oui.

*Silence.*

**ELLE**

Tu t'rappelles, est venue y a une semaine.

**LUI**

Non. C'était y a quèques jours, deux ou trois.

**ELLE**

Non, y a une semaine.

**LUI**

T'as p'têtre raison.

**ELLE**

A s'faisait soigner. Le médecin lui donnait des pilules pour les nerfs. Ètait bien nerveuse.

**LUI**

Pourtant a menait un p'tit train d'vie.

**ELLE**

On sait jamais c'qu'y a au fond, c'qui s'passe pour vrai. R'garde, on sait pas qui était là. Une amie, un ami qu'on connaît pas...

**LUI**          *reprochant*

Maman...

**ELLE**

Ça va p'têtre jaser.

**LUI**

Commence e rien.

**ELLE**

Non. Ah! non, c'est ben d'trop terrible. Non quéçé qu'tu penses.

*Silence.*

**ELLE**

C'est froid un peu, en?

**LUI**

Oui, va falloir chauffer.

**ELLE**

Y va encore neiger.

**LUI**

Oui.

**ELLE**

J'aime pas ça, moi. Chaque fois qu'y commence à neiger, j'pense toujours à not' premier. Y neigeait pour la première fois quand y est mort.

**LUI**                     *soupirant*

Oui.

**ELLE**

Xavier. Xavier qu'on l'avait appelé. Tu t'en souviens.

**LUI**

Si j'm'en souviens! Xavier!

**ELLE**

Not' premier enfant, pi un garçon.

**LUI**

Oui, un garçon.

**ELLE**

Tu t'en souviens comme ç'avait été dur.

**LUI**

Oui. On avait pas d'argent. Rien.

**ELLE**

C'était pas une maison. C'tait un schack.

78

LUI

C'est certain. *(Au sens de rien d'autre)*.

ELLE

C'tait pas un climat pour avoir des enfants. Quand t'as rien.

LUI

C'est pas un climat pour les vieux, non plus.

ELLE

Xavier.

LUI

Xavier.

ELLE

Y neigeait donc quand y est mort. C'est pas possible.

LUI

Oui.

*Silence.*

ELLE

J'sais pas c'qu'y aurait faite, en?

LUI

Ça sert à rien d'y penser.

ELLE

Oui. Dans l'fond, c'est inutile de rêver. Y va neiger, neiger. Toués jours. Une chance qu'y a Noël, même si c'est ben fatiquant.

LUI

Oui.

*Ils ne savent plus quoi faire, ni dire.*

LUI
   J'vas ouvrir la tv.

>    *Il l'ouvre, seulement des images blan-*
>    *ches, c'est le téléjournal. On n'entend que*
>    *la voix — nouvelles selon le moment où*
>    *l'on joue: des morts — la guerre — trem-*
>    *blements de terre — une princesse qui*
>    *inaugure une galerie d'art, etc.*

ELLE
   Veux-tu encore un peu de thé?

LUI
   Oui, juste pour le réchauffer. Merci.

ELLE
   Veux-tu un p'tit gâteau?

LUI
   Non. J'ai assez mangé. J'mange pas gros l'soir.

ELLE
   Moi, j'vas en prendre un, y commencent à sécher.

>    *Elle commence à desservir, arrête, se*
>    *rassoit.*

ELLE
   Pour moi, on aura pas l'temps de faire démolir la
   grange avant l'hiver.

LUI
   Non.

ELLE
   C'est d'valeur.

LUI
   Non. C'est tant mieux. J'amais pas ça, c't'idée-là, pantoute. Tu l'sais à part de ça.

**ELLE**

On fera ça l'printemps prochain. J'espère que mes tulipes vont t'être belles.

**LUI**

Ben oui. Tu l'sais. C'est toi qui as les plus belles tulipes à chaque année.

**ELLE**

Baisse ça, on s'entend pu parler.

**LUI**

J'vas la fermer.

*Il ferme la télévision.*

**ELLE** *hésitante*

Oui, ç'a été une drôle de journée.

**LUI**

Dans l'fond, c'était un peu comme à toutes les autres. Ça passe comme ça en p'tits faits, sans qu'on s'en aperçoive pi à fin y en reste pu rien qu'encore un peu. Toujours encore un peu.

**ELLE** *taquineuse*

Ecoutez mon vieux parleux. J'te dis que t'es tout un numéro. *(Encore hésitante).* Tu sais comment tu m'as appelée c't'après-midi?

**LUI**

Quécé qu'tu veux dire?

**ELLE**

Ben oui, cherche un peu. Tu sais c'que j'veux dire.

**LUI**

J'vois pas.

**ELLE**

Non?

LUI
    Non.

ELLE
    Tu m'as appelé Michou.

LUI
    Oui?

ELLE
    Ça faisait longtemps qu'tu m'avais pas appelé d'même.

LUI
    Ça s'peut.

ELLE
    Te rappelles-tu la première fois qu'tu m'as appelée comme ça?

LUI
    Attends un peu.

ELLE
    Tu t'en rappelles pas?

LUI                     *la faisant languir*
    Attends voir...

ELLE                *taquineuse*
    Cherche un peu. *(Temps).* Te rappelles-tu? C'était l'é-té. Dans l'temps des moissons. Tu travaillais chez mon oncle Todore. Ah! si j'm'en souviens. T'étais quasiment l'plus fort. L'plus travaillant. Ah! t'étais beau à voir. Pi y avait ma cousine Rose-Alma. J'étais jalouse d'elle. Te rappelles-tu? Ah! Qu't'était fou. Tu t'étais mis à danser dans l'champ. Ça achevait. J'me rappelle, on travaillait dans l'champ. Tu m'entraînais, ma cousine pi moi. On dansait, dansait. On tournait, tournait. Pi on était toutes tombés. On s'était r'trouvé toué deux, on était tombés dans l'foin. Pi tu m'avais dit...

LUI

Mademoiselle Michou.

ELLE            *s'assoyant sur Lui*

C'était à moi qu'tu disais ça. A moi. C'était moi. Ça m'avait fait, Ah! j't'aimais assez tout d'un coup. C'était moi qu't'aimais. Moi. Toi, mon Albert, Pi l'soir, y avait eu la veillée. Dans grange de mon oncle Todore. Ah! j'm'en souviens. J'm'en rappellerai toujours. On avait dansé. T'avais dansé quasiment rien qu'avec moi. Pi y en avait un qui s'était mis à chanter une chanson assez belle. *(Elle chantonne cet air)*. C'était beau. Pi dehors, dans l'soir, tu m'avais dit qu'tu m'aimais. Pi tu m'avais embrassée. C'était beau. C'est l'plus bel été que j'ai jamais connu.

*Temps.*

ELLE

Tu m'aimes-tu encore un peu?

LUI

Encore un peu. *(Taquin)*.

ELLE

T'avais faite exprès pour me faire tomber?

LUI

Ben tiens.

ELLE

Vieux snoro!

*Elle et Lui s'embrassent.*

Et voilà! *Ou onomatopée de réflexion.*

LUI

Et oui.

**ELLE**
Ç'a passé vite.

**LUI**
Et oui.

**ELLE**
Ç'a changé.

**LUI**
Oui.

**ELLE**
Chu plus pesante astheure.

**LUI**
C'est moi qui est moins fort.

> *Elle se lève — chantonne le petit air. On doit sentir qu'Elle et Lui ne veulent pas se quitter.*

**ELLE**
Y a pas d'lumière à soir chez Marie.

**LUI**
Y doit faire froid dans maison.

**ELLE**
As-tu commencé à chauffer?

**LUI**
J'vas faire partir la fournaise.

> *Il sort. Pendant ce temps, elle tourne en rond, chantonne, prend un chocolat, en mange la moitié, puis tout un — sert quelques objets, puis se prend au côté gauche. Lui revient.*

**LUI**

Quécé qu'y a?

**ELLE**

C'est mon foie, encore. J'pense ben.

**LUI**

Tu devrais pas manger d'chocolat.

**ELLE**

Je l'sais, mais c'est bon.

**LUI**

Tu changeras jamais...mais c'est comme ça que j't'aime. Mais fais attention par exemple, en? Pour moi, ton vieux snoro.

> *L'horloge sonne. Elle baisse la toile, tout en regardant par la fenêtre.*

**ELLE**

J'ai hâte de voir mes tulipes.

**LUI**

Pour c'qui est d'ta plante, j'pense qu'est encore bonne.

**ELLE**

Oui? Mais c'est triste quand y a pas d'fleurs. C'est dur icit l'hiver. Pas moyen d'garder des fleurs. Faut ben des soins.

**LUI**

Si t'avais des violettes africaines.

**ELLE**

Des violettes africaines?

**LUI**

Oui, des violettes africaines, à veille de fleurir. Y doit ben avoir moyen.

**ELLE**
Oh! qu'ça m'f'rait plaisir. Des violettes africaines.

**LUI**
J'pense que j'vas aller m'coucher.

**ELLE**
Moi aussi. *(Temps).* J'sais pas c'que j'ai, j'ai mal partout.

**LUI**
Mes jambes m'élancent à soir.

**ELLE**
On est vieux, Albert.

**LUI**
Oui, Michou.

**ELLE**            *regardant la table, pendant que lui rôde,*
*flaire, vérifie la porte*
J'serrai le reste demain.

**LUI**
L'vent s'lève.

**ELLE**
Pourvu qu'y neige pas.

**LUI**
Non, non j'pense pas. Ça m'surprendrait ben gros.

**ELLE**            *rentrant dans la chambre en chantonnant*
Pourvu qu'j'dorme.

*Lui rôde dans la cuisine.*

**ELLE**            *voix off*
T'en viens-tu te coucher, Albert?

**LUI**
Oui, oui, j'arrive.

*Il prend les chapelets sur la table, et rentre dans la chambre.*

LUI
C'est vrai qu'c'était une belle chanson.

*On les entend dans la chambre, marcher, fermer les tiroirs, le lit craque, enlever les souliers, soupirs, fermeture éclair, vêtements qui tombent. Sur la scène, lumière éclatante (indication du début du souper). Tout est très blanc avec des vieux qui se bercent comme si tout le paysage n'était que ça.*

ELLE
Aide-moi donc un peu.

LUI
Tiens.

ELLE
J'espère que toués enfants sont rendus chacun chez eux.

LUI
Ben oui. L'bon Dieu est ben bon dans l'fond. T'en fais pas pour ça.

ELLE
Va falloir décider si on va r'cevoir les enfants au Jour de l'An.

LUI
Tu verras ça demain.

**ELLE**
Pourvu que j'dorme.


**LUI**
Moi aussi.


**ELLE**
Bonne nuit.


**LUI**
Bonne nuit.

*Lentement — rideau ou noir (selon...).*


automne 1967 — printemps 1968

CET OUVRAGE
COMPOSÉ EN TIMES CORPS 11 SUR 13
A ÉTÉ ACHEVÉ D'IMPRIMER
À 3 000 EXEMPLAIRES
LE SEIZE OCTOBRE
MIL NEUF CENT SOIXANTE-QUATORZE
PAR LES TRAVAILLEURS
DES PRESSES DE
JOURNAL OFFSET INC.
À MONTRÉAL
POUR LE COMPTE DES ÉDITIONS DE L'AURORE.

## collection entre le parvis et le boxon

déjà parus:

*en attendant trudot*, victor-lévy beaulieu
*sur le matelas*, michel garneau
*les tourtereaux (ou la vieillesse frappe à l'aube)*,
jean-claude germain
*québec, printemps 1918*, jean provencher
*la chanson d'amour de cul*, michel garneau
*l'histoire du Québec en trois régimes*,
léandre bergeron
*quatre à quatre*, michel garneau